萧统与《文选》

◎ 主编 金开诚

◎ 编著 孙学敏

吉林出版集团有限责任公司

吉林文史出版社

图书在版编目（CIP）数据

萧统与《文选》/ 孙学敏编著 . 一长春：吉林出
版集团有限责任公司，2011.4（2022.1 重印）
ISBN 978-7-5463-4992-3

Ⅰ.①萧… Ⅱ.①孙… Ⅲ.①萧统（501～531）–生
平事迹②文选 – 文学研究 Ⅳ .① K825.6② I206.2

中国版本图书馆 CIP 数据核字（2011）第 054526 号

萧统与《文选》

XIAOTONG YU WENXUAN

主编/ 金开诚 编著/孙学敏

项目负责/崔博华 责任编辑/崔博华 许多娇

责任校对/许多娇 装帧设计/柳甬泽 王丽洁

出版发行/吉林文史出版社 吉林出版集团有限责任公司

地址/长春市人民大街4646号 邮编/130021

电话/0431-86037503 传真/0431-86037589

印刷/三河市金兆印刷装订有限公司

版次/2011 年 4 月第 1 版 2022 年 1 月第 5 次印刷

开本/640mm×920mm 1/16

印张/9 字数/30千

书号/ ISBN 978-7-5463-4992-3

定价/34.80元

前　言

　　文化是一种社会现象，是人类物质文明和精神文明有机融合的产物；同时又是一种历史现象，是社会的历史沉积。当今世界，随着经济全球化进程的加快，人们也越来越重视本民族的文化。我们只有加强对本民族文化的继承和创新，才能更好地弘扬民族精神，增强民族凝聚力。历史经验告诉我们，任何一个民族要想屹立于世界民族之林，必须具有自尊、自信、自强的民族意识。文化是维系一个民族生存和发展的强大动力。一个民族的存在依赖文化，文化的解体就是一个民族的消亡。

　　随着我国综合国力的日益强大，广大民众对重塑民族自尊心和自豪感的愿望日益迫切。作为民族大家庭中的一员，将源远流长、博大精深的中国文化继承并传播给广大群众，特别是青年一代，是我们出版人义不容辞的责任。

　　本套丛书是由吉林文史出版社和吉林出版集团有限责任公司组织国内知名专家学者编写的一套旨在传播中华五千年优秀传统文化，提高全民文化修养的大型知识读本。该书在深入挖掘和整理中华优秀传统文化成果的同时，结合社会发展，注入了时代精神。书中优美生动的文字、简明通俗的语言、图文并茂的形式，把中国文化中的物态文化、制度文化、行为文化、精神文化等知识要点全面展示给读者。点点滴滴的文化知识仿佛颗颗繁星，组成了灿烂辉煌的中国文化的天穹。

　　希望本书能为弘扬中华五千年优秀传统文化、增强各民族团结、构建社会主义和谐社会尽一份绵薄之力，也坚信我们的中华民族一定能够早日实现伟大复兴！

目录

一、浩浩文苑
　　淘尽黄沙始见金

由魏、晋到齐、梁，是中国文学史
上各种文学形式自由发展并趋于成熟定型
的时期，作家和作品数量之多也远远超
过了前代。由于文学作品数量众多，因而
对它们进行品鉴别裁、芟繁剪芜就成为
广大阅读者的需要，于是选录优秀作品
的文学总集便应运而生。据《隋书·经籍
志》记载，自晋代迄陈、隋，总集共有
二百四十九部，五千二百二十四卷，其中
著名的有晋代挚虞的《文章流别集》、李

充的《翰林论》、宋代刘义庆的《集林》，但都已亡佚。今天所能见到的最早的也是影响最大的总集，就是《文选》。

（一）文选概述

《文选》又称《昭明文选》，是中国古代第一部文学作品选集，选编了从先秦至梁以前的各种文体代表作品，对后世有较大影响。之所以被称为《昭明文选》，是因为该文选是昭明太子萧统召集

文人选编的。萧统为南朝梁代文学家，
字德施，小字维摩，南兰陵（今江苏常
州）人，五代南朝梁武帝萧衍长子。他
对文学颇有研究，遂招集天下有名的文
人学士，广集古今书籍三万卷，编集成《文
选》三十卷。旧时读书人有"《文选》烂，
秀才半"的说法。《文选》"事出于沉思，
义归乎翰藻"的选文准则，为后世所推崇。

　　《文选》三十卷三十八类，共有七百
余篇诗文作品，其所选作品按赋、诗、骚、

七、诏、册、令、教等分类编排，凡三十八类，为今所见我国辑录最早、规模最大的一部诗文总集，在中国文学史上占有独特的地位，对后世文学发展影响深远。

《文选》究竟选些什么？萧统是动了一番脑筋的。这时的萧统已经初步注意到文学作品与其他类型著作的区别，因而也可以说，《文选》是现存最早的诗文选集。

　　首先，宣传道德的圣贤经书不选；以思辨为核心的诸子哲学著作不选；对于以纪事为主的史书，则只略选其中颇有文学辞藻和风采的论赞部分，其余有关史事因果的描述，概不选入。

　　萧统认为文章应该"丽而不浮，典而不野"。其所选的作品都应是"事出于沉思，义归乎翰藻"，也就是经过作者的深思熟虑而又文辞华美的作品，才能够被辑入《文选》。可见萧统在文学上既注重内容，又要求形式，是文质并重的。

由于《文选》在选编时注重文采，因此，不少优秀诗文都因《文选》持久的生命力而得以流传、保存到了今天，所以说，《文选》是研究梁以前文学的重要参考资料。较有见地的是，对于当时盛行的内容空虚的华文艳诗，《文选》一概不选。当然，有些好的诗文，由于缺乏《文选》所强调的"骈俪、华藻"也未能被收进《文选》，这是由当时文坛的风气乃至《文选》风格所决定的，使不少后来

的学人感到些许遗憾。

　　《文选》一问世，便受到普遍的欢迎。隋唐以后，文人往往将《文选》视为学习诗赋的教科书，甚至将它与经传并列。随着人们阅读《文选》的需求，后来有不少学者为它作注。历代注解研习《文选》的学者、著作层出不穷，据不完全统计，今天尚能见到的专著就有九十多种，其他散见的考据、训诂、评论更是难以计数，研治《文选》遂成为一种专门学问——"文

选学"。

（二）《文选》成书的文化背景

由魏、晋到齐、梁，是中国文学史上
各种文学形式自由发展并趋于成熟定型
的时期，作家和作品数量之多也远远超
过了前代。与之相适应的是，文艺理论
中对文学概念的探讨和文学体制的辨析
也日益精密。宋文帝刘义隆立儒、玄、文、

史四馆，宋明帝刘彧分儒、道、文、史、阴阳五科，都标志着文学已取得了正式的独立地位。这一时期也被称为文学自觉的时期。

文学自觉指的就是文学开始摆脱对经学的附庸地位，开始按文学自身的艺术规律进行创作。文学自觉有三个标志：

第一，文学从广义的学术中分化出

来，成为独立的一个门类。汉朝人所谓文学指的是学术，特别是儒学，《史记·孝武本纪》中记载："而上向儒术，招贤良，赵绾、王臧等以文学为公卿，欲议古立明堂城南，以朝诸侯。"这里所说的文学显然是指学术，也就是说赵绾、王臧这些人是靠学术做的官。到了南朝，文学有了新的独立于学术的地位，宋文帝立"四学"，文学与儒学、玄学、史学并立；南朝宋代范晔《后汉书》单列《文

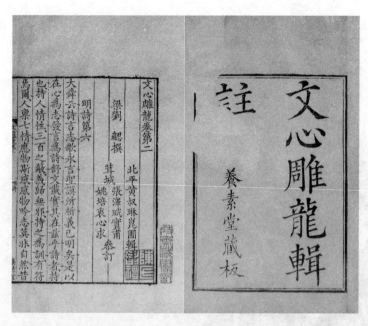

苑列传》，与《儒林列传》等并立，都是文学地位独立的重要标志。同时在这一时期又有文笔之分，《文心雕龙·总术》："今之常言，有文有笔，以为无韵者笔也，有韵者文也。"这代表了一般的认识，即有韵之文被称为"文"，无韵之文被称为"笔"。梁元帝萧绎《金楼子·立言篇》对文笔之分有了进一步的说明："至如不便为诗如阎纂，善为章奏如伯松，若此之流，泛谓之笔。吟咏风谣，流连哀思

者，谓之文……至如文者，惟须绮縠纷
披，宫徵靡曼，唇吻遒会，情灵摇荡。"
萧绎所说的文笔之别已不限于有韵无韵，
而强调了文之抒发感情以情动人的特点，
并且更广泛地注重语言的形式美。他所
说的"文"已接近我们今天所说的文学了。

第二，对文学的各种体裁有了比较
细致的区分，更重要的是对各种体裁的
体制和风格特点有了比较明确的认识。
明晰而自觉的文体辨析始自曹丕的《典

论·论文》，他将文体分为四科，并指出它们各自的特点即"奏议宜雅""书论宜理""铭诔尚实""诗赋欲丽"。《文赋》进一步将文体分为十类，对每一类的特点也有所论述。特别值得注意的是，作者陆机将诗和赋分成两类，并指出"诗缘情而绮靡，赋体物而浏亮"的特点。西晋挚虞的《文章流别论》，就现存佚文看来，论及十二种文体，对各种文体追溯其起源，考察其演变，并举出一些作品加以讨论，比曹丕和陆机又进了一步。

东晋李充《翰林论》联系风格来辨析文体，是对文体风格的进一步探讨。到了南朝，文体辨析更加深入系统了，梁代任昉的《文章缘起》分为八十四题，虽不免琐碎，但由此可见文体辨析的细致程度。至于《文心雕龙》和《文选》对文体的区分不但系统，而且讨论也很深入。《文心雕龙》上篇的主要篇幅就是讨论文体，共分三十三大类。其《序志》说：

"原始以表末，释名以章义，选文以定篇，敷理以举统。"对每种文体都追溯其起源，叙述其演变，说明其名称的意义，并举例加以评论。而《文选》是按文体编成的一部文学总集，当然对文体有更加详细的辨析。

第三，对文学的审美特性有了自觉的追求。文学之所以成为文学，离不开审美的特性。所谓文学的自觉，最重要的或者说最终还是表现在对审美特性的自觉追求上。上面提到过，"诗赋欲丽"的"丽"，"诗缘情而绮靡"的"绮靡"，"赋体物而浏亮"的"浏亮"，便已经是审美的追求了。到了南朝，四声的发现及其在诗歌中的运用，再加上对用事及对偶的讲究，证明当时的文学对语言的形式美有了更自觉的追求，这对中国文学，包括诗歌、骈文、词和曲的发展具有极

其深远的影响。

《文选》编订时期除文学自觉的文化背景以外，还有一个重大的文化背景，就是文风开始发生转变。我国历史上的南北朝时期，一般是从宋武帝刘裕代晋算起，至隋文帝开皇九年为止共一百七十年。从社会学角度来观察，南朝时代对文化和文学具有直接影响的社会矛盾是世族与寒门之间的矛盾。儒学在南朝的

重新被提倡是一个值得注意的现象。玄学崇尚自然，有反抗名教伦理的积极一面，但也有避世、颓废的消极一面。在南朝时代，大体上说，传统的儒家思想作为深厚的文化积淀仍然对创作实践和理论起着指导作用。而玄言佛理，在经过东晋玄言诗这一阶段后，也以更加积极的姿态在文学领域里发挥影响，甚至达到了融合无迹的程度。从宋初到陈末，文学发展的总体趋向是社会功能的逐步淡化，而美学价值却为所有作家所追求。
应当认为，这种情况标志着中国文学史
出现了重要发展和转折，但在发展和转
折之中又混杂了相当严重的不健康成分。
南朝人否定玄言诗，却不否定玄学所倡
导的个性自由，不过表现方式和晋朝人
不同，创作中对"情性"的重视在理论上
得到进一步的阐述和鼓吹。南朝时代，"缘

情"的主张主导文坛。文人对"情""志"之间的关系也有两种不同的认识，一种以萧统、刘勰为代表。萧统在《文选序》里直抄《毛诗序》的话，"诗者，盖志之所之也，情动于中而形于言。《关雎》《麟趾》正始之道著；《桑间》《濮上》，之国之音表。"南朝是中国文学史上一个重要时代，发展的规模、速度和成果都超越前代，也超越了同时代的北朝。文学摆

脱了哲学理论的束缚，强调情性，重新
按照文学本身的规律自由发展，如审美
价值的创造，艺术技巧的积累，创作理
论的探索等等，都是这一时代的重要收
获。南朝发生"侯景之乱"后，南方文
人如萧悫、颜之推先后来到北齐。他们
继承和发展了魏孝文帝所提倡的效法南
朝齐梁的文风，注重辞藻、声律。由于
北朝的风土人情与江南不同，相对来说，

北朝士人较少，多留恋声色或较多地留意政事，而且北朝文学的发展是和少数民族的汉化以及北方文人接受南方文学的影响同步进行的。尽管如此，北朝文学仍保持了自身所固有的特色。

（三）《文选》的选择标准

萧统在《文选序》中借作品的取舍，提出了自己的见解，并说明了有四类著

作不能入选：第一，周公、孔子的著作，即大体相当于经部；第二，老庄、管、孟的著作，即大体相当于子部；第三，贤人、忠臣、谋夫、辩士的辞令，即《国语》《战国策》及散见于史籍中的这一类著作；第四，论事、纪年之书，即史部。

萧统这样做是要说明文与非文的界线，他所要入选的是文。而所谓文，是中国传统的"文章"，其概念不同于现代

文艺理论中说的文学作品。萧统的文学思想主要属于涂饰了齐梁时代色彩的儒家体系。《文选序》的前半，沿袭《诗大序》中"言志抒情"的观点，注意到了作品的社会功能，要求他们具有真实的思想感情。在美学标准上他主张兼重文质。用《文选》中的作品来印证萧统的主张，可以看到几个方面：第一，在"文质"之中更重视"文"，在"典丽"之中则更重视"典"。第二，《文选》不录柳恽、

何逊、吴均，而收入了成就和名望远不
如他们的徐悱、陆垂，这是很难理解的
现象，其中可能有人事上的原因，但也
有诗风上的原因。第三，以作品论，选
入《古诗十九首》、陶诗八篇、鲍诗十八
篇，体现了萧统还有重质的一面。不录
玄言诗，这是晋宋之间诗风转变的反映。
不录咏物、艳情，同时也不录吴歌、西
曲，说明萧统排斥浮艳的审美观是和儒

家道德相为表里的。萧统虽为萧梁文学
集团的人物,却曾要求"踵其事而增其华,
变其本而加上厉"(《文选序》)。从这一
方面说,他认为文章和一切事物一样,
是随时变化的,有所改变,必有所丢失。
他用"椎轮"与"大辂"的关系和"增冰"
与"积水"的关系为例来说明文学发展
的问题:"若夫椎轮为大辂之始,大辂宁
有椎轮之质? 增冰为积水所成,积水曾

微增冰之凛"(《文选序》)。也就是说，现代供皇帝祭祀时所乘的大辂车，是由古时的椎车进化而来的，这当然是一种进步，但大辂并不保存椎车那种原始质朴的形式。积水变成了层冰，改变了原来的形状，失去了水的形状，却获得了固体的形态和冰点以下的寒冷，事物在发展过程中可以获得新的品格。旧的事物不可能原封不动地保存在发展变化了

的新事物中。陶渊明写了一篇以爱情为主题的《闲情赋》，萧统在《陶渊明集序》中说："白璧微瑕，惟在《闲情》一赋，扬雄所谓劝百而讽一者，卒无讽谏，何是摇其笔端，惜哉，之是可也！"萧统对描写爱情的作品所采取的态度，与儒家卫道士的正统派文人是相似的。萧统的文学观在某些方面受到《文心雕龙》的影响，主张尊经，反对艳诗。

归去来辞并序

（节选）

晋·陶渊明

归去来兮，田园将芜，胡不归！既自以心为形役，奚惆怅而独悲？悟已往之不谏，知来者之可追，实迷途其未远，觉今是而昨非

（四）《文选》"丽而不淫""典而不野"的文学观

萧统认为文章应该"丽而不淫，典而不野"，其所选的作品，都应是"事出于沉思，义归乎翰藻"，也就是经过作者的深思熟虑而又文辞华美的作品，才能够被辑入《文选》。可见萧统在文学上既注重内容，又要求形式，是文质并重的。

历来各种文学选本的作者在选录作品时，虽不免要受到传统和当时社会思潮的制约，但归根结底总要体现作者自己的观点。萧统所编《文选》，当然也不例外。萧统对文学作品的要求表现在他的《答湘东王求文集及〈诗苑英华〉书》中，他说："夫文典则累野，丽则伤浮，能丽而不浮，典而不野，文质彬彬，有君子

之致。吾尝欲为之，但恨未逮耳。"这大约是萧统一贯的看法，所以刘孝绰在给他的文集作序时也称："深乎文者，兼而善之，能使典而不野，远而不放，丽而不淫，约而不俭，独擅众美，斯文在斯。"尽管萧统自称"但恨未逮"而刘孝绰说他已"兼而善之"，语意似有差别，但"丽而不浮（淫）""典而不野"二语

作为萧统评价作品艺术成就的主要标准，大约是不会有误的。值得注意的是，萧统的这种文学观其实在梁代有一定代表性。例如前面提到的那位湘东王（元帝萧绎）在后来所作的《内典碑铭集林序》中也提到了"艳而不华，质而不野"之语，其含义与萧统见解基本一致。即使像简文帝萧纲那样提倡华美之文的人，在萧统死后作《昭明太子集序》，亦提到了"丽而不淫"四字。可见所谓"丽而不淫""典

而不野"二语已取得了当时部分人的认
同。

　　从《文选序》看来，萧统对作品的
华丽并无贬低之意，相反地他认为事物
的发展总是"踵其事而增华，变其本而
加厉，物既有之，文亦宜然"，这较之他
的前辈如刘勰断言自上古至刘宋文多"从
质及讹，弥近弥澹"，主张"矫讹翻浅，
还宗经诰"显得比较开明。

　　至于他在创作上偏重典雅也是可

以理解的。从《梁书》本传看来，萧统出生于齐中兴元年（501年），他的文集最早编成时间大约为天监末至普通年间（约520年前后至526年），此时他年龄最多不会超过二十五六岁。因为他最初的文集为刘孝绰所编，而刘孝绰编成文集是在任廷尉卿以前，刘任廷尉卿后被罢官，则在普通七年萧绎任荆州刺史以后。后来萧统当然续有所作，但他总共不过活了三十一岁，他自从15岁行冠礼后，便协助梁武帝处理政事，始终未离宫禁，而所谓"使省万机"即处理政务也无非是批阅公文，这对了解社会生活毕竟是间接的，这就决定了他的诗文主要是在书本中寻求灵感。另一方面，萧统的书本知识极其丰富。《梁书》本传称他"于时东宫有书几三万卷"。据萧纲《昭明太子集序》所称，萧统的十四件美德，其第十二德为："研经博学，手不释卷，含芳腴于襟抱，扬华绮于心极；韦编三绝，岂直爻象，起先五鼓，非直甲

夜；而欹案无休，书幌密倦。"第十三德为："群玉名记，洛阳素简，西周东观之遗文，刑名儒墨之旨要，莫不殚兹闻见，竭彼绨缃；总括奇异，片求遗逸，命谒者之使，置籝金之赏；惠子五车，方兹无以比，文终所收，形此不能匹。"从这些情况看来，萧统的博学是毫无疑问的。这样，他吟诗作文跟任昉等人动辄用典的文风，就不难理解。何况任昉在当时颇享文名，这派诗风在当时也颇有影响，

萧统接近此派文风决非偶然。再加他"出宫二十余年，不畜声乐。少时，敕赐太乐女妓一部，略非所好"（《梁书》本传）；萧纲说他对当时盛行的"吴声""西曲"等音乐"靡悦于胸襟，非关于怀抱；事等弃琴，理均放郑"（《昭明太子集序》）。由此可见，他对那些艳歌无所爱好，其诗风自然不会受其影响，而当时那些倾向于靡丽的诗人，无不取法于这些民歌。因此其诗文偏重"典"而"丽"不足，亦在情理之中。

这种偏重于典雅而稍欠华丽的创作风格，自然也和萧统的个人性格、艺术趣味有关，因此不管他的文学主张如何，在他编选《文选》时，也会自觉或不自觉地多收典雅的作品而少收华丽的作品，这也很自然。事实上，从《文选》所选作品来看，确实是典雅之作多于华丽之作，所以骆鸿凯先生说《文选》"黜靡崇雅"，的确符合此书实况。

二、昭明太子
传奇一生惊世人

　　萧统(501—531年)南朝梁代文学家，字德施，小字维摩，南兰陵（今江苏常州）人，南朝梁武帝萧衍长子。萧衍曾任雍州刺史，镇守襄阳，后乘齐内乱，起兵夺取帝位，在建康（今南京）建立梁朝。天监元年(502年)十一月，萧统被立为皇太子，后未及即位而卒，谥昭明，世称昭明太子。后梁宣帝即位，追尊为"昭明皇帝"，庙号"高宗"。萧统对文学颇有研究，招集文人学士，广集古今书籍

三万卷，编集成《文选》三十卷。《文选》是中国古代第一部文学作品选集，选编了先秦至梁以前的各种文体代表作品，对后世有较大影响。

（一）萧统其人

1. 聪颖仁孝

萧统少时即有才气，姿容修美，天资聪颖，3岁读《孝经》《论语》，5岁遍读"五经",7 岁入国学,过目成诵。且萧统深通礼仪,性情纯孝仁厚。他 16 岁时,母亲病重,他就从东宫搬到母亲的住处,朝夕侍疾,衣不解带。母亲去世后,他悲切欲绝,饮食俱废。他父亲几次下旨劝逼,才勉强进食,但仍只肯吃水果、肉食。他本来身材健壮,等守丧出服后已变得羸瘦不堪,官民们看了,无不感动落泪。

另外,关于萧统求学还有一段故事。

茅盾为故乡写的一首《西江月》词中有这样两句，"唐代银杏宛在，昭明书室依稀"。这"昭明书室"就在乌镇的市河西岸，它曾经是梁太子萧统读书的地方。南朝梁建都于建康（南京），梁代的太子怎么会到乌镇来读书呢？

原来，梁武帝萧衍的长子萧统，天监元年（502 年）就被立为太子。萧统刚生下时，右手紧握拳头，东宫娘娘以及宫女都没法掰开，成了"抓手"，梁武帝

为此十分担忧。有位大臣说："皇上何不张榜招名医诊治呢?"梁武帝觉得有理，于是就张榜招贤，说谁能掰开太子的手，太子就拜他为师。

沈约见此榜文后，前去试诊。他捧起太子的手，轻轻一掰就开了。梁武帝十分高兴，就赐封沈约为太子的老师，专门教太子读书。

沈约是乌程县(今湖州市)人。乌镇河西原属乌程县，沈约的祖坟就在乌

镇河西十景塘附近。沈约对先人十分孝敬，每年清明，总要从京城返回故乡扫墓，并要守墓数月。梁武帝怕儿子因此荒废学业，就命萧统随沈约到乌镇跟读。为此，就在乌镇市河西面、十景塘北面，建起一座书馆。

萧统来到乌镇，见书馆所在地左有车溪港，前有十景塘，桃红柳绿，鸟语花香，景色十分诱人，便终日游玩，忘记了读书。

　　沈约治学严谨，教化有方，见太子不思上进，便对他讲了这样一个故事："有一年冬天，我回乌镇过年，轿子经过青镇密印寺时，被寺前一群百姓挡住了去路。我吩咐停轿询问，原来寺里冻死一个十多岁的小叫化子。围观的百姓说，这小叫化，父母早亡，无依无靠，白天沿街乞讨，夜晚蜷宿庙堂，过着十分贫

苦的生活。但他人穷志不短，讨来的钱，除了买吃的，余下的都用来买书，在佛殿琉璃灯下夜读。可是一夜西北风，却夺去了他年幼的生命。我进寺一看，只见这小乞丐虽然面孔瘦削，却眉目清秀，仰面躺在稻草堆里，身体已经冻僵，左手还拿着一本书，他是有志于学，至死还不忘读书呀……"听完沈约的故事，太子感动得流下了眼泪。从此，他刻苦攻读，终于成了历史上有名的文学家。

　　星移物换，后来，萧统读书的这个书馆塌毁了，直到明朝万历年间，驻乌镇同知全廷训，在书馆旧址建筑了一座"六朝遗胜"的石坊。里人沈士茂题书"梁昭明太子同沈尚书读书处"。这座石坊至今仍保存完好。

　　萧统"性宽和，明庶事""天下皆称仁"。他极富于同情心，12岁时，去观看审判犯人，他仔细研究案卷之后，说："这

人的过错情有可原，我来判决可以吗？"
刑官答应了，于是他就作了从轻的判决。
事后，刑官向梁武帝萧衍汇报了情况，
萧衍听了连连点头微笑，对儿子的宽厚
表示嘉许。以至于以后大臣们想从宽处
理某人时就故意拉上萧统，让他来判决。
梁普通年间，由于战争爆发，京城粮价
大涨，萧统就命令东宫的人员减衣缩食，
每逢雨雪天寒，就派人把省下来的衣食

拿去救济难民。他在主管军服事务时，每年都要多做三千件衣服，冬天分发给贫民。正因为萧统太子具有这些高尚的品质，所以赢得了当世和后世人普遍爱戴和尊敬。

2.性爱山水

相传一个日暮时分，一位面容清瘦的年轻人，踱着小步来到了他经常来的一条河流边。流水汤汤，河中丰饶的水

草间，游动着一尾尾鱼，多数是这里独有的花鳜鱼，嘴阔，身圆，披满了花纹。年轻人独坐下来，看水，看鱼，看河湾里张罟捕鱼的渔翁……这个传说中的年轻人就是萧统，他"喜食贵口鳜鱼"，盛赞"水好鱼美"，封誉为贵池，秋浦因而得今日之名。也许是这水的浸润吧，日后，年轻人编纂的中国最早的一部《文选》，至今还透着一股水意。

萧统觉得做皇帝虽然尊荣至极，但

是一旦逝世则湮死无踪，只有写出好的文章才是千古之事。他性爱山水，喜欢吟咏左思《招隐诗》中"何必丝与竹，山水有清音"的名句。他决定离开建康，到京口南郊招隐山读书撰文。那里群山环抱，树木茂密，环境极为幽静，风景十分秀丽。萧统在招隐寺后半山建造了两幢楼房，一幢叫读书台，一幢叫增华阁，两幢楼房之间有天桥相连。楼房修好后，

萧统将三万册图书从建康运到京口招隐山，"引纳才学之士，赏爱无倦"。

3. 笃信佛教

萧统毕生笃信佛教，躬奉孝行。著名的佛教大乘经典《金刚经》，其中"三十二分则"的编辑，即是昭明太子所作。原本长篇大论的经文，经过他整理后成为容易传诵理解的三十二个分则，并为各段补充了浓缩精要的副标题。

萧统乐于与名僧一起探究佛理，因此特在宫内设立慧义殿，专为法集之所，广泛招引名僧，讲经说法。当时佛学界流行有关"二谛义"的辩论，太子也参与其中，并撰写了《解二谛义》（载《广弘明集》卷第二十一），该文对"二谛义"谈得扼要系统，代表了梁代关于"二谛义"的基本观点。萧统在文中首先强调对"二谛义"宗旨能否领会，是困于生死苦海还是从生死苦海中解脱出来的关

键。他说："若速其方，三有不绝；若达其致，于累斯遣。"接着他阐述了自己对二谛义的理解，他认为真、俗二谛是就两种不同的理体、境界上立义的，真、俗二谛相互独立、高下有别，"真既不因俗有，俗亦不由真而生"。真谛代表的是出世间、真理界，俗谛代表的是"浮伪"世间。这实际上是把世界看成了两个真、俗相对的双重世界。

　　萧统还把真谛说成是"中道"，说真谛"离有离无，此为中道"，俗谛"即有即无,斯是假名""真是中道,以不生为体；俗是假名，以生法为体"。把真谛说成中道，而中道又以不生为体，这实际上是把真谛归结到虚无上去，在思想渊源上倾向于玄学"贵无论"，这是梁代诸家理解"二谛义"的普遍倾向。说明了他们所代表的梁代上层统治者在生活作风上尽

管表现得洒脱超然，而内心深处仍然充满了空虚和惶恐。

知归子评价太子说："予观昭明太子之论，可谓了了见佛法者，非梁君臣之所及也。"（《居士传·昭明太子传》）汪大绅也称赞说："昭明真佛种也，吾不重其佛法，重其仁孝宽明，是为佛种。"（同上）萧统之所以仁孝宽明，与他在佛法上的修养和造诣是分不开的。

（二）萧统死亡之迷

有关萧统之死流传有几种说法：

一是因母丁贵嫔薨，哀伤过度，长期减食与偏食，导致营养失调。《梁书》和《南史》二书均说萧统丧母之后，哀伤过度，初时全断饮食，及后奉父皇敕令强进饮食，于下葬日以前，日进麦粥一升，葬后不过每日一溢（通"镒"，二十两），

且不尝菜果之味，一直到丧期终了。母丧期间为三年，三年不尝菜果，也许是因为缺乏维生素，导致营养不良。

二是因丁贵嫔墓厌祷事件，惭愧以终。这一说法《梁书》并未记载，而独见于《南史》。据说丁贵嫔死后，萧统先求得一处好风水，准备就绪，即将下葬前，有个名叫俞三副的太监，受他人贿赂，偷偷禀告梁武帝，说萧统所得之墓地于帝不吉，武帝信之，便改换墓地。葬后，

一个道士又说，新坟对太子不利，便为太子做厌伏法。厌伏法指魇伏法或魇制法，也叫做制煞之术。而道士施用魇伏法，会对武帝不利，因此武帝知悉之后，很不高兴，原本想要追究到底，要真是这样，恐怕萧统也难逃干系，或者重演汉武帝时代的巫蛊之祸亦未可知。幸好事端并未扩大，道士被杀之后，并未影响武帝与萧统父子之间的情感，然而萧统自己，却终身感到惭愧与感慨。

　　三是溺水罹疾，永绝人圜。《南史》中记载："萧统于中大通三年三月，与姬人荡舟，游后池摘芙蓉，不慎溺水，虽然得脱，却因此罹疾。"溺水的人会染上什么疾病呢？很可能是肺部细菌感染。因为有水生植物的池塘，水中有大量的微生物，溺水之人肺部吸入池水，极易被细菌感染，古代医学不发达，没有抗生素，细菌感染之后，很容易引起坏血症，由于无药可治，最终夺走了太子的生命。太子三月溺水，四月上旬即病殁，从时间来推测，细菌感染的可能性很大。

萧统去世时，举国悲哀，京城"男女无不闭门，号泣满路"。根据昭明太子生前遗愿，经再三请求，皇上赐昭明衣冠，葬于石城西他生前读书著文的地方——秀山，以表纪念。史载这座昭明太子衣冠冢建得十分壮观，石基、石拱、石人、

石马，建有宝珠墩。放生池，松柏参天，翠竹葱郁，墓旁建有宏伟的文选楼。由于昭明的衣冠冢在石城之西，所以石城县府衙门的大门也一反常规，不朝南而朝西洞开，为的是朝敬昭明太子。后人又将城北郎山崖下玉镜潭畔昭明太子经常垂钓的岩台，称为"昭明钓鱼台"（全国十大石钓台之一）。承泰元年（765年），

在贵池城西杏花村杜坞山中建造了昭明
太子庙，俗称"西庙"。庙的正寝殿右边
建有文选阁，又名昭明书院。可惜，由
于战乱，秀山文选阁、西庙及昭明书院
均已毁坏殆尽，今仅存遗址。不过，罗
刹洲上尚存一小太子庙，罗刹洲故名太
子矶。

（三）关于萧统的传说

1. 萧统求雨萧皇塘

在义西萧皇塘村一带的地里，经常

可以挖掘到一些破碎的砖瓦。据民间传说，在很久以前，这一带经济发达、人口众多，不到四五平方公里的山沟就有村庄十八个。可是到了南北朝的梁朝时，天遇大旱，庄稼颗粒无收，再加上瘟疫流行，村民饿死病死的很多，村落由此衰败萧条。

此时梁朝大兴佛教，昭明太子萧统巡视各地，代父亲在全国各地选择基址

犀带桥

始建于清乾隆年间，光绪二十五年(1899)重修。传为纪念梁昭明太子在顾山读书选文留赠犀带之情，故名"犀带桥"。为单孔石拱桥，长16.9米，顶宽2.5米，高5.4米，石阶22级。桥顶四望柱各有石狮一只，桥两侧各镌对联一副，西联"遥凌古渡悬明镜，静锁流波卧彩虹"，东联"涂分南北通三邑，水判东西贯百川"，桥顶中心有二龙戏珠浮雕。

建造寺庙。这一天他来到义乌，听人说义西大旱后又生瘟疫。他为了救民于水火，立即赴义西赈灾。

他从吴店经野毛山往里走，沿途只见百姓纷纷外逃谋生，一路上他费尽口舌劝说百姓回乡居住。当他来到萧皇塘一带，只见十室九空，村民个个有病色，已无法正常生活。于是他立即放粮赈灾，然后又亲自进山寻找草药。他不顾山路崎岖陡峭，荆棘遍野，为此还扭伤了脚。

经过与众人一起艰辛的努力后，他们找到了治疗瘟疫的草药。回村后他又亲自为村民们熬药送药，村民服药后疫情得到了控制。他又与村民一起在村子西北面的一口圆塘边筑坛做法事，亲自诵经求雨。法事做了七天七夜，天开始转阴，但雨还是不见下来。他觉得可能是上苍怪他不诚心，又向村民打听是否有更清静的地方，村民说覆釜岩景色雄奇，清

静秀丽。他一听不顾脚痛，拖着伤脚一
拐一拐地上山。一路上他顾不上欣赏沿
途美景，一口气登上山顶。站在山顶，
但见四周崖石陡峭，壁立千尺，脚下辟
峰村落尽收眼中，崖边幽竹秀木，清风
徐徐，顿感心旷神怡。萧统不由赞叹道：
"真是孤峰独秀，佛门圣地。"于是他就
跪在岩头诵经求雨，老天终于下起了雨，
才使得旱情得以解除。

　　昭明太子见十八庄人烟稀少，就动员幸存者搬迁集中居住，他还亲自为村民选择安家之所，规划村子布局。从清朝光绪二十三年绘制流传至今的萧皇塘村阳宅图看，该村仍显得错落有致，布局美观合理。

　　村民们为了不忘太子恩德，就在覆釜岩筑庙供奉他的塑像，并把此岩改名为萧皇岩，而把他做法事的那口塘和村子都称为萧皇塘。

2.昭明太子与犀带桥

昭明太子在顾山编纂文选时，常到山下了解民情，排解民事。他见山洪侵害农田，便组织乡民开凿三大水渠排灌，史称："雨畅时若，三渠盈盈。"这对顾山一带的农业生产发展起到了巨大的作用。数年后，当太子要离别顾山返回都城金陵时，送行的百姓人山人海，排列在顾山镇李岸河两侧，欢送场面壮观动

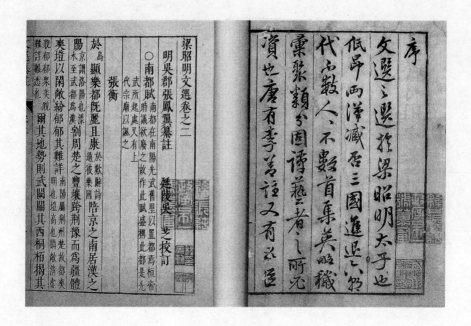

人。乡民们沿着李岸河，送出十里之遥，仍无返意。太子十分感动，遂解下系在身上的锦带，也就是太子用来束腰的锦带，因上面有犀牛角制成的饰物，又称犀带，送给顾山乡民留作纪念。

顾山百姓为纪念昭明太子，在读书楼旁建立锦带书院，一直延续到近代。还在李岸河上造了一座石拱桥，取名犀带桥，桥面上的石狮浮雕栩栩如生。明朝重建此桥，至今仍完好保存。此桥的奇异之处在于，无论从哪一角度看，那石拱的环洞和李岸河水中倒影的环洞，皆成一面圆圆的明镜，映照出李岸河两岸的多彩多姿。清晨，可以映出朝霞的彩辉；夜晚，可以呈现繁星的晶光。正如桥上一副对联所云："遥凌古渡悬明镜，静锁流波卧彩虹。"

3. 昭明太子与顾山红豆

江阴濒江而又多山，其东南隅的顾山，高仅一百零八米，有大小两岗，远

远望去，宛如西行的乌龟回首顾盼东海，"顾山"之名由此而得。红豆院在顾山东北两公里的红豆村，因有千年珍稀红豆树而闻名于世。

相传这棵红豆树是一千四百多年前的昭明太子萧统在顾山编纂《昭明文选》时亲手种植的。萧统为什么要种植此树呢？这里还有一段太子与尼姑相爱的动人故事。

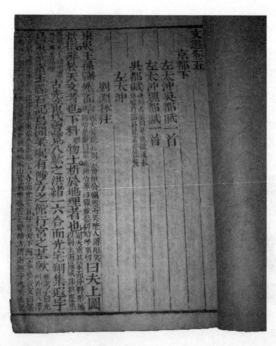

当时南梁武帝笃信佛教，在国内兴建了四百八十座寺院，顾山兴建的是"香山观音禅寺"，寺内还建造了一楼阁，名为"文选楼"。太子萧统代父出家来香山寺，一则为回避宫廷斗争，二则为精心修编文选。一日，太子下山来到当时的集市古塘视察民情，偶见一法号叫慧如的秀丽尼姑，无意中谈及释家精义，太子见慧如才思敏慧，顿生爱慕之情，跟踪到草庵，又就释家经义深谈而不舍，

以后又多次去草庵。但由于一个是太子，一个是尼姑，终难成眷属，尼姑相思成疾而终。太子闻讯，痛哭不已，含泪种下一粒红豆，并将草庵题名红豆庵，满怀相思悲苦离去。

一段生生死死的爱情，一幕凄凄切切的悲剧。他们不仅仅是封建婚姻的受害者，也是当时宗法社会祭坛上的牺牲品。风流倜傥的太子面对青春可人的尼姑，不免英雄气短，聪颖美丽的慧如面对多才多情的太子，苦于跨不过封建礼法这个门槛。这一对内心渴望追求自由、爱情的青年男女，注定走不出世俗的荒蔓小径，只能让它演绎成一颗颗相思红豆，无奈地向世间倾诉着自己的真情。

直到现在，那棵千年红豆依然枝繁叶茂，并以其古老、珍稀、奇异和美好的传说，备受世人的喜爱。红豆树生长于南国，是常绿乔木。而顾山红豆树却是生长在我国纬度最北的一棵红豆树，且为冬季落叶树种，繁殖极难，因而被誉为"海内孤木"。经专家鉴定，它是植物学上的一个独科分支，被正式命名为

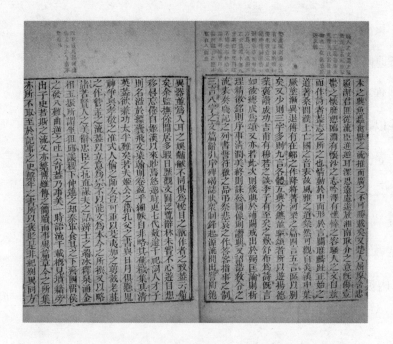

"戴氏红豆树"，又称"顾山红豆树"，已载入《世界植物大辞典》中。

（四）千古话昭明

提到昭明，我们首先想到的是昭明太子和《昭明文选》。除此之外，还有昭明禅寺、昭明台、昭明峰。

昭明禅寺位于浙江省临安县东天目山，寺内有千佛阁，屡经大火而不毁，皆因其山背有"灵穴"荫庇之故；有宋希都禅师叱虎之地黑驴庵；其左有平溪庵，溪流之上有"献珠墩"；其下有"白龙池"，飞桥横跨，四面壁立。千佛阁右转有回光庵、洗眼池、庵后有"悟道松"一株，其盖如茵，可荫数乘。由回光庵左转有"分经台"，旧传为南朝梁昭明太子萧统分《金刚经》为三十二节处；古有葛稚川曾修炼于此。洗眼池之上有二峰，有石垒如"青莲华"；再上数里可见"大仙峰巨石"，壁立若板筑，高达数丈。传说山顶有"浮玉池"，峰顶海拔为

一千四百七十九米。章嘉桢谒昭明庵时曾赞昭明寺："禅林天下称萧寺，惟有此庵其姓萧。地以分经成净土，池开洗眼在清霄，层峦叠浪山拥翠，竹涌松风共寂寥。见说读书台几处，离离荒草野烟飘。"

昭明台也称钟鼓楼，为襄樊标志性建筑，为纪念南朝梁昭明太子萧统而建。史载："楼在郡治中央，高三层，面南，翼以钟鼓，为方城胜迹。"此楼台屡毁屡建，楼名亦多有更变。历史上曾称过山南东道楼、镇南楼、南平楼、文选楼等。昭明太子萧统生于襄阳，母为襄阳人，其弟萧纲镇守襄阳时，曾命庾肩吾等人抄撰众籍，其地曰"高斋"，又称"文选楼"。明代改称"昭明楼"，清代顺治时定名为"昭明台"。清顺治年间所建的昭明台，其楼已于1940年被日机炸毁，台基拆除于1973年。1990年当地政府筹资两千多万元，重建昭明台，历时三年完成。重建的昭明台是用现代建筑材料建造的，台基上按魏晋风格建了三层楼阁，整个建筑高达三十四米，集购物、游览、文化于一体。

昭明峰位于天目山，与其齐名的还有旭日峰、阳和峰、翠微峰。昭明峰下有太子庵，相传为昭明太子萧统读书的地方。这里竹林遮径，山泉溅玉，林悬碧帐，禽转珠簧。庵占地五亩许，门楼书"抱翠流彩"。内有昭明遗迹"读书楼"，昭明太子在此撰成《昭明文选》，又得名"文选楼"。始建于明代，为砖木结构，饰有木刻浮雕，显得十分古朴，读书楼内有眼古井，名"太子井"，终年不涸。

读书楼东侧，有"洗眼池"，相传昭明太子读书分经，双眼瘴，用池水洗眼后，双目复明。钱文选游此赋《昭明峰》诗："父知修道子修文，慧业词宗两不群。同泰昭明何处觅，一峰犹是倚松云。"

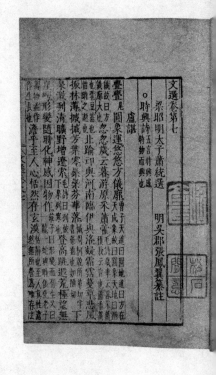

三、多才并集

　　文坛之盛前未有

　　《文选》可谓文苑之精华，能编成这样一部文集并非易事，单凭萧统一人之力恐怕难以完成。当时他身边聚集了很多文人学士，在大家的共同努力下，《文选》才得以问世。

（一）文人云集东宫

　　萧统酷爱读书，记忆力极强，他的东宫里藏书近三万卷。他读书时，"数行

并下，过目皆忆"。因而他虽年龄不大，却博览群书，学贯古今。他更喜欢礼贤下士，所以他身边聚集了一大批有学识的知识分子，如当时著名的学士刘勰、刘孝绰、王筠、陆倕、殷芸等皆集于东宫。这些"才学之士"出入于东宫，漫游在书海之中，他们谈论古典作品，品评古今书籍，在这样一个良好的研究文章著述的环境中，才使得萧统有条件编纂《文选》。

刘勰，字彦和，南朝梁文学理论批评家。入梁，始为奉朝请，后历任临川王萧宏记室、南康王萧绩记室、昭明太子萧统东宫通事舍人等职。因其任通事舍人时间较久，故世称刘舍人。萧统喜爱文学，对刘勰甚是器重。《梁书·刘勰传》载："昭明太子好文学，深爱接之。"在此期间，刘勰与萧统关系极好，共同"讨论篇籍，商榷古今"。

刘孝绰，南朝梁文学家。字孝绰，

原名冉，小字阿士，彭城（今徐州市）人。任太府卿、太子仆，东宫管记。当时昭明太子爱好文学，才学之士刘孝绰自然被优待。太子召集众多文人一起娱乐的时候，命令画工先给刘孝绰画像。太子的很多诗文，都由刘孝绰为他作序。由此可见刘孝绰很受昭明太子偏爱。而且他很有可能曾参与编纂《文选》。

王筠，南朝梁文学家。字元礼，一字德柔。曾任昭明太子萧统的属官。王筠少负才名，深受沈约的赏识，被认为超越时人，并以谢朓所说"好诗圆美流转如弹丸"来称赞王筠的诗。在太子府中任职时，常和著名的文人刘孝绰、陆倕、殷芸等游宴酬唱。他有一篇为人叹赏的《昭明太子哀册文》（见《梁书·昭明太子传》），虽不免有谀辞，但在同类文章中，还是比较优秀的一篇。他的诗讲究声律，注意用字，一些写景的诗篇也偶有佳句。

陆倕，南朝梁文学家。字佐公，吴

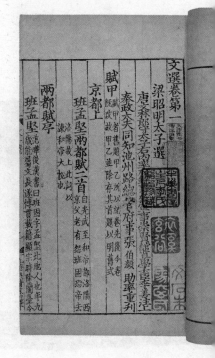

郡吴 (今苏州) 人。小时候就十分好学，善于做文章。他曾经在宅内起茅屋两间，昼夜读书，多年不停。他与萧衍、沈约、谢朓、王融、萧琛、范云、任昉号为"竟陵八友"。后来做了太子中舍人，管东宫书记。昭明太子曾称赞他"资忠履贞，冰清玉洁，文该四始，学遍九流"。

殷芸，南朝梁小说家，字灌蔬，陈郡长平 (今河南) 人。梁天监初，担任西中郎主簿，后来从军，担任临川王记室。后来又迁国子博士、昭明太子侍读。殷芸性情风流倜傥，勤学自洁，博览群

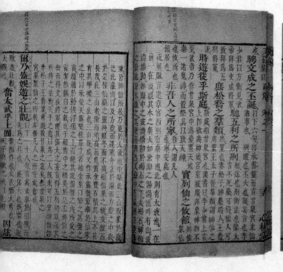

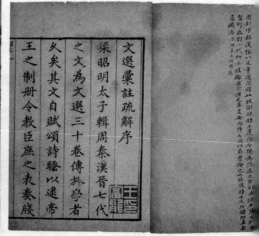

书。武帝时曾命作《小说》十卷,世称《殷芸小说》。如牛郎织女的故事就始载于《殷芸小说》:"天河之东有织女,天帝之子也。年年机杼劳役,织成云锦天衣,容貌不暇整。帝怜其独处,许嫁河西牵牛郎,嫁后遂废织。天帝怒,责令归河东,但使一年一度相会。"经后人加工该故事流传至今。

萧统从这些文人学士以及前人身上,吸取了宝贵的精神财富,可以说,《文选》的编订,颇受他们的影响。在《文选》的编订过程中,萧统主张尊经,反对艳诗;重视典籍,讲究辞藻。事出于沉思,义

归乎翰藻;崇雅黜靡、吐故纳新便是最好的证明。

（二）活跃的文学集团

魏晋南北朝时期，文学作品数量繁多、文学家众多、文学题材区分细致、文学理论也很繁荣。

魏晋南北朝时期，文学受到士人普遍的重视，而且成为上层人士必备的素养，也成为他们相互交往、沟通感情的媒介，并常常被当作一种高雅的娱乐。这样，就在某一群文人之间，而且是常以某个重要的政治人物为中心，形成了一定的文学集团。

建安时代，在曹氏父子周围聚集了一批文人，结成了历史上第一个重要的文学集团。此后，文学集团的活动越来越多。举其要而言之，魏末有以阮籍、嵇康为首的"竹林七贤"，西晋时有围

绕权臣贾谧、包括陆机、左思等在内的
"二十四友"，东晋前期，在会稽一带有
以王羲之、谢安为中心的文学交游，南
朝宋代临川王刘义庆门下招纳了鲍照等
众多文士，齐竟陵王萧子良周围有著名
的"竟陵八友"……

在集团性的文学活动中，通过相互
影响、相互切磋，容易出现一些新的文
学现象。而新的现象出现以后，因为有一
群作家共同倡导和推进，容易影响整个
文坛，造成文学风气的改观。相反，个
别作家的创新，要想造成大的影响和改
变，无疑困难得多。整个魏晋南北朝文
学的重大演革，几乎都与文学集团的活
动有关。在同一个文学集团中，比较容易
形成相同或相近的文学思想，进而使这
种文学思想趋于明确、完整，并造成较
大的社会影响。如《文心雕龙》和《文选》
这两部书，性质虽不同，但对文学的看法、
所重视的作家，却很相似，这与刘勰曾

参与萧统的文学集团并受到重视，恐怕有一定的关系。

众多文学集团的出现以及频繁活动，使得魏晋南北朝文坛呈现出不同的文学风貌，它们各有千秋，在不同的阶段发挥着不同的作用。如以何晏、王弼为代表的"正始体"代表了曹魏后期的一种文学风貌；以陆机、潘岳为代表的"太康体"形成了西晋时期的诗风；以孙绰、许询等人为代表的"玄言体"诗歌盛行于东晋，以谢灵运、颜延之、鲍照等诗人为代表的"元嘉体"诗歌改变玄言诗风，形成山水诗派；以沈约、谢朓、王融等人为代表的"永明体"开创了转向近体诗的格律诗；以梁简文帝萧纲、梁元帝萧绎等为代表的"宫体诗"对五言律诗的形成起了重要推动作用。

魏晋南北朝时期的文学，在诗歌、散文、辞赋、小说、文论等众多领域，都取得了很高的成就，继承、变革与创新使文坛充满了生机和活力。

这一时期书籍出版领域出现了总集和别集。所谓总集是总汇多人作品为一书。总集的出版，反映一个时期有众多作者。别集是总汇一个人的多种作品而成，也叫文集。别集的出版，反映一个作者有多篇作品。总集和别集的出版，是魏晋南北朝时期才开始出现的，而且数量众多。从目前的文献来看，南朝梁萧统的《文选》是我国现存最早的一部文学总集。

四、五柳先生
　　高蹈淡定终显贵

陶渊明，又名潜，字元亮，因宅边
种植有五棵柳树，所以号五柳先生，私
谥靖节，东晋末年人，他的《桃花源记》
将世人带入了一个理想的国度。

陶渊明是历史上第一位开始大量
写山水田园生活的人。自他之后，经过
大小谢、王维、孟浩然的发展，田园山
水诗派逐渐奠定了它在传统诗歌中的地
位。他的诗在当时并不出名，甚至是不
为人所重视的。他的好友颜延之是当时

文坛的领袖,对于陶渊明的诗文,也只是以"学非称师,文取指达"一笔带过,大概是因为陶诗与当时流行的玄言之风截然相反的原因。所以,陶渊明可以称得上是一个时代之外的诗人。那么,是谁发现了这个伟大的田园诗人并加以推崇的呢?正是南朝梁代昭明太子——萧统。

(一) 慧眼识英才

陶渊明去世后,他的至交好友颜延之,为他写下《陶征士诔》,给了他一个"靖节"的谥号。颜延之在诔文中褒扬了陶

渊明一生的品格和气节，但对他的文学成就，却没有充分肯定。陶渊明在我国文学史上的地位，在他死后的几十年里，都没有得到充分的肯定和认同。

梁朝的昭明太子萧统，对陶渊明的诗文相当重视，自从他看到陶渊明的诗文后，就爱不释手。亲自为陶渊明的诗文编集、作序、作传。《陶渊明集》是中国文学史上第一部文人专集，它的编集意义十分重大。萧统在《陶渊明集序》中，称赞"其文章不群，辞采精拔，跌宕昭彰，独超众类，抑扬爽朗，莫如之京"。

由于萧统的肯定及推崇，陶渊明的诗文渐渐被后世文人所重视，他的诗文

作品流传也越来越广，影响也越来越大。

到了隋唐时期，有越来越多的诗人喜欢陶渊明的诗文，对陶渊明的评价也越来越高。初唐诗人王绩是位田园诗人，他像陶渊明一样，多次退隐田园，以琴酒自娱。唐朝的山水田园诗人孟浩然，对陶渊明十分崇拜，他在《仲夏归汉南寄京邑旧游》中写道："赏读《高士传》，最佳陶征君，目耽田园趣，自谓羲皇人。"李白更是仰慕陶渊明的人品和诗作，在《戏赠郑溧阳》中写道："陶令日日醉，不知五柳春。素琴本无弦，漉酒用葛巾。清风北窗下，自谓羲皇人。何时到栗里，一见平生亲。"李白那种"安能摧眉折腰事权贵"的思想和陶渊明"不为五斗米折腰"的精神是一脉相承的。

到了北宋，陶渊明在中国文学史上的地位得到了进一步的巩固和加强。欧阳修盛赞《归去来兮辞》说："晋无文章，唯陶渊明《归去来兮辞》"。王安石曾说，陶渊明的诗"结庐在人境，而无车马喧。问君何能尔，心远地自偏"，"有诗人以来无此句者。然则渊明趋向不群，词彩精拔，晋宋之间，一人而矣"。苏东坡在《与苏辙书》中说"吾与诗人无所甚好，独好渊明之诗，渊明作诗不多，然其诗，质而实绮，癯而实腴，自曹、刘、鲍、谢、李、杜诸人，皆莫过也"。苏东坡把陶诗放在李白、杜甫之上，有失公允，但他用"质而实绮，癯而实腴"八个字，高度概括了陶诗的艺术风格，还是很准确的。苏东坡一生把陶渊明当成良师益友，晚年在《与苏辙书》中说："深愧渊明，欲以晚节师范其万一。"

南宋爱国诗人辛弃疾，在报国无门、壮志难酬的苦闷中，把陶渊明引为知己。在《水龙吟》词中说："须信此翁未死，到如今，凛然生气。"辛弃疾一生留下词作六百二十六首，其中吟咏、提及、明引、暗引陶诗陶文的有六十首，几乎每十首

词中就有一首与陶渊明有关。辛弃疾在《念奴娇》中称："须信采菊东篱，高情千载，只有陶彭泽。"给予了陶渊明最高评价。

元朝、明朝和清朝直至现代，沿袭了两宋对陶渊明的崇高评价。五柳先生陶渊明一生高蹈淡定，最终得以显贵，当然得益于萧统的"慧眼识英才"。

（二）《文选》所选陶渊明诗文及《陶渊明集》

萧统的《文选》选出陶渊明的八首诗，分别收录在卷二十三、卷二十八、卷三十和卷四十五中。

【杂诗二首】

结庐在人境，而无车马喧。

问君何能尔？心远地自偏。

采菊东篱下，悠然见南山。

山气日夕佳，飞鸟相与还。

此中有真意，欲辨已忘言。

秋菊有佳色，裛露掇其英。

泛此忘忧物，远我遗世情。

一觞虽独进，杯尽壶自倾。

日入群动息，归鸟趋林鸣。

啸傲东轩下，聊复得此生。

【咏贫士诗（五言）】

万族各有托，孤云独无依。

暧暧空中灭，何时见余晖。

朝霞开宿雾，众鸟相与飞。

迟迟出林翮，未夕复来归。

量力守故辙，岂不寒与饥？

知音苟不存，已矣何所悲。

【读山海经诗（五言）】

孟夏草木长，绕屋树扶疏。

众鸟欣有托，吾亦爱吾庐。

既耕亦已种，时还读我书。

穷巷隔深辙，颇回故人车。

欢言酌春酒，摘我园中蔬。

微雨从东来，好风与之俱。

泛览周王传，流观山海图。

俯仰终宇宙，不乐复何如。

【拟古诗（五言）】

日暮天无云，春风扇微和。

佳人美清夜，达曙酣且歌。

歌竟长叹息，持此感人多。

皎皎云间月，灼灼叶中华。

岂无一时好，不久当如何！

【挽歌诗（五言）】

荒草何茫茫，白杨亦萧萧。

严霜九月中，送我出远郊。

四面无人居，高坟正嶣峣。

马为仰天鸣，风为自萧条。

幽室一已闭，千年不复朝。

千年不复朝，贤达无奈何。

向来相送人，各已归其家。

亲戚或余悲，他人亦已歌。

死去何所道，托体同山阿。

【辛丑岁七月赴假还江陵夜行涂口】

闲居三十载，遂与尘事冥。

诗书敦凤好，林园无世情。

如何舍此去，遥遥至南荆。

叩栧新秋月，临流别友生。

凉风起将夕，夜景湛虚明。

昭昭天宇阔，晶晶川上平。

怀役不遑寐，中宵尚孤征。

商歌非吾事，依依在耦耕。

投冠旋旧墟，不为好爵萦。

养真衡茅下，庶以善自名。

【归去来兮辞并序】

序曰：余家贫，耕植不足以自给。幼稚盈室，瓶无储粟，生生所资，未见其术。亲故多劝余为长吏，脱然有怀，求之靡途。会有四方之事，诸侯以惠爱为德，家叔以余贫苦，遂见用为小邑。于时风波未静，心惮远役，彭泽去家百里，公田之利，足以为酒，故便求之。及少日，眷然有归欤之情。何则？质性自然，非矫励所得。饥冻虽切，违己交病。尝从人事，皆口腹自役。于是怅然慷慨，深愧平生之志。

犹望一稔，当敛裳宵逝。寻程氏妹丧于武昌，情在骏奔，自免去职。仲秋至冬，在官八十余日。因事顺心，命篇曰《归去来兮》。乙巳岁十一月也。

归去来兮，田园将芜胡不归！既自以心为形役，奚惆怅而独悲？悟已往之不谏，知来者之可追。实迷途其未远，觉今是而昨非。舟遥遥以轻飏，风飘飘而吹衣。问征夫以前路，恨晨光之熹微。

乃瞻衡宇，载欣载奔。僮仆欢迎，稚子候门。三径就荒，松菊犹存。携幼入室，有酒盈樽。引壶觞以自酌，眄庭柯以怡颜。倚南窗以寄傲，审容膝之易安。园日涉以成趣，门虽设而常关。策扶老以流憩，时矫首而遐观。云无心以出岫，鸟倦飞而知还。景翳翳以将入，抚孤松而盘桓。

归去来兮，请息交以绝游。世与我而相违，复驾言兮焉求？悦亲戚之情话，乐琴书以消忧。农人告余以春及，将有事

于西畴。或命巾车，或棹孤舟。既窈窕
以寻壑，亦崎岖而经邱。木欣欣以向荣，
泉涓涓而始流。善万物之得时，感吾生
之行休。

已矣乎！寓形宇内复几时！曷不委心
任去留？胡为乎遑遑欲何之？富贵非吾
愿，帝乡不可期。怀良辰以孤往，或植
杖而耘耔。登东皋以舒啸，临清流而赋诗。
聊乘化以归尽，乐天天命复奚疑！

陶渊明诗歌风格质朴，故在重视辞
藻的南朝人心目中，地位并不高。《文选》
录陶诗八首，远远少于曹植、陆机、谢
灵运、鲍照、谢朓等人，也反映了时代
的风气。

昭明太子萧统还收集陶渊明遗世作
品，编为《陶渊明集》七卷，录一卷，并
为之作《陶渊明传》《陶渊明集序》。《陶
渊明集》卷一：四言诗，卷二：五言诗，
卷三：五言诗，卷四：五言诗，卷五：杂文，
卷六：赋卷，七：疏、祭文。

　　《陶渊明集序》是千百年来准确评价陶渊明其人的开山之作，使得陶渊明"不假良史之词，不托飞驰之势，而名声自传于后"，成为我国古代伟大诗人之一。《序》文第一部分论述陶渊明归隐原因；第二部分评价陶渊明的作品；第三部分叙述编辑《陶渊明集》的原因及意义。在《陶渊明集序》中，萧统曾对陶渊明及其诗做过如下评价：

　　有人怀疑陶渊明的诗篇篇都有酒，我认为他本意不在酒，也是把自己的情趣寄托在酒中。他的文章卓而不群，言辞精彩，跌宕豪迈，超过众多的文章，抑扬爽朗，没有能跟他相比的。其意境或恬静婉约如小桥流水，或气势磅礴直干云霄。谈时事则有针对性且值得人深思；论抱负则远大而真切。加上陶公为人不变的志向，不懈的努力，安于道义，苦守节操，不以躬耕为耻，不以穷困为意。如果不是圣贤，没有不渝的志向，怎么能达到这种境界?

我非常喜欢他的诗文,爱不释手,我崇拜他的品德,恨自己没有和他生活在一个时代。所以搜集校正他的作品,简单的作了一个集子。白色的玉璧也存在瑕疵,他的作品的瑕疵只有《闲情》赋,扬雄说作品要起到劝百而讽一的作用,如果没有劝谏世人的作用,何必写出来呢?可惜啊!陶渊明不写这篇就更好了。我简陋的给他写了传记,收录在这个集子里。

我曾说能理解陶渊明文章的人,其追逐名利的心思就会消散,粗鄙吝啬的想法就会祛除,贪婪的人就能清廉,懦弱的人就能自立,不强求能奉行仁义,官爵俸禄也能舍弃,不必到皇帝身边任职,以求名留青史,这本集子也有助于教化世人。

萧统在做完《陶渊明集序》之后,又为陶渊明做了传。

（三）隔世知音

萧统虽贵为太子，但他所处的宫廷却充满勾心斗角、尔虞我诈，这样便使他向往身心自由的理想社会。再加上萧统性爱山水，所以与平淡自然、志趣高远的陶渊明成为了隔世知音。

《梁史》记载："昭明太子性爱山水，于玄圃穿筑，更立亭馆，与朝士名素者游其中。尝泛舟后池，番禺侯轨盛称'此中宜奏女乐'。"太子不答，咏左思《招隐诗》曰：'何必丝与竹，山水有清音。'侯惭而止。出宫二十余年，不畜声乐。少时，敕赐太乐女妓一部，略非所好。"

由此可以看出萧统并不沉溺于酒色，而是对山水风光情有独钟，喜欢在山水之间感受生命的真谛。而陶渊明也是这样，不在乎金钱、名利，高蹈平淡地隐居于田园之间。

萧统理解陶渊明的归隐。他在《陶渊明集序》中说：尽情的声色之娱，精美的饮食享受，盛大的出游，显赫的地位，可谓极尽人间之乐也，然而倾刻间丧身毙命，荣华富贵顿时化为乌有。在这贪士蜂争的社会，智者贤人如履薄冰，归隐便是合情顾理的事了。

萧统对陶渊明的诗作出了最高的评价。在陶渊明逝世整整一百年后，萧统独具慧眼，确立了陶渊明在文学史上的崇高地位。

萧统对陶渊明的饮酒诗也有自己的理解。他认为陶渊明本意不在酒，而是把自己的情趣寄托于饮酒之中。这一点比宋代欧阳修的"醉翁之意不在酒，在乎山水之间也"要早很多。

隔世知音的出现，令陶渊明这位伟大的诗人及其伟大的诗篇没有被历史的尘埃所掩埋。

五、萧氏文学
    集团与宫体文学

（一）齐梁文坛的核心力量

萧氏是南朝齐、梁两代的皇族世家，也是统领齐梁文坛的核心力量。尤其是在梁代，这一文学家族得到了进一步的发展。《南史·文学传序》中记载："盖时主儒雅，笃好文章，故才秀之士，焕乎俱集。"萧衍、萧统、萧纲、萧绎等人，以其帝王或太子的贵族身份雅好文学，因此天下文士集于其侧，于是以这几位萧氏家族成员为核心，形成庞大的文学集团，这对文学的发展起到了重要的作用。

萧衍（464—549 年），字叔达，南兰陵（今江苏常州西北）人，与齐皇室同宗、乘齐内乱，起兵夺取帝位，即梁武帝。萧统 (501—531) 字德施，梁武帝长子，立为太子而早卒，谥"昭明"，后人称为昭明太子。萧纲（503—551 年）

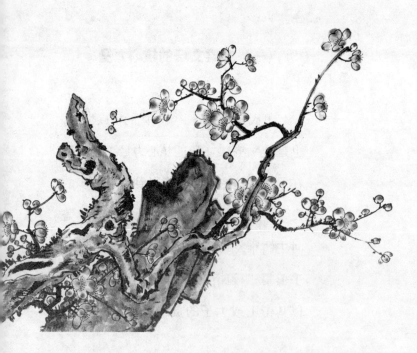

字世缵，梁武帝第三子，萧统卒，被立为太子。及景侯叛乱，武帝去世，他继承皇位，即简文帝。萧绎（508—554 年），字世诚，武帝第七子，后继帝位，即梁元帝。

梁武帝萧衍的诗赋文才，有许多过人之处。永明年间，诗坛创作风气大盛，很多文人学士都聚集在竟陵王萧子良的周围，各逞其能，施展他们的诗歌创作才华。在这些文人学士中，比较著名的

有八位，如谢朓、沈约、任昉、范云等人，时人称之为"竟陵八友"。萧衍也是"竟陵八友"中的一位，他的很多诗歌都是在这一时期写成的。建梁称帝后，仍素志不减，经常招聚文人学士以赋诗为乐。萧衍还作了许多乐府拟作，主要以女性为咏唱对象，多数诗作都是描摹女子对爱情的期盼及为离别相思所苦的情态，感情缠绵、风格绮丽、语言平易，具有浓郁的江南民歌风味。如"一年漏将尽，万里人未归。君志固有在，妾驱乃无依。"（《子夜四时歌·冬歌》）；"草树非一香，花叶百种色。寄语故情人，知我心相忆。"（《襄阳蹋铜蹄歌》）等。郑振铎先生认为，"萧衍新乐府辞最为娇艳可爱"，此话确有一定的道理。他的文学创作，的确推动了梁代文学风气的兴盛。

简文帝萧纲聪明博学，诗才在家族中当推第一，然其诗则过于轻靡。萧纲现存赋二十篇，诗二百六十二首，内容多

反映宫廷生活，以描写女性声容情态的
《咏内人昼眠》《咏舞》《美人晨妆》《娈
童》等为代表。但也有少数以边塞为主
题的乐府诗，如《从军行》《陇西行》《雁
门太守行》《度关山》等，在某些写作技
巧上，开了唐人边塞诗之先河。其写景
咏物之作，亦清灵隽秀，时见巧思，对
后世有一定影响。清沈德潜赞其《折杨
柳》诗"风轻花落迟"句为"隽绝"，王
夫之称其《春日》诗"落花随燕入"句为

"得之空灵，出之自然"。萧纲还作有古题乐府八十七首，其《乌夜啼》《乌栖曲》与《东西伯劳歌》二首，俱有助于七言体的开拓；《和萧侍中子显春别诗四首》《夜望单飞燕诗》，可视为唐人七绝先驱。此外，他的学术著作也颇为繁富，有《昭明太子传》五卷、《诸王传》三十卷、《礼大义》二十卷、《老子义》二十卷、《庄子义》二十卷、《长春义记》一百卷、《法宝联璧》三百卷等。《南史·梁简文帝纪》载有其文集一百卷，其他著作六百余卷，但都已散佚，明张溥辑其存世作品为《梁简文集》，收入《汉魏六朝百三名家集》。

梁元帝萧绎好文学，博览群书，又通佛典，致力于编纂和著述。著述中最重要的是《金楼子》，全书十五篇，《隋书·经籍志》著录为十卷，至明代逐渐散佚。清代四库馆臣从《永乐大典》中辑得六卷，后来为鲍氏收入《知不足斋丛书》中。《金楼子·立言篇》在文学理论史上具有重要意义，文中提出了文的标准应该是"惟须绮縠纷披，宫徵靡曼，唇吻遒会，情灵摇荡"，即文学作品需要具备文采、音律、感情这些因素，突破了过去仅仅拘于有韵无韵的局限。其他如《聚书篇》《著书篇》中记载书籍源流、自述于著书的辛勤，从中都可以见出作者对文学和典籍的爱好。萧绎著有文集五十二卷《汉书》注释《周易》讲疏《老子》讲疏等共三百六十余卷。这些著述有不少出自门下文人之手，但也表明他

对文学和学术的重视。文集久佚，今有明人张溥的辑本《梁元帝集》，收入《汉魏六朝百三名家集》中。其作品属于典型的齐梁绮丽风格。

萧氏文学集团，在文学方面进行了多种尝试和努力，为文学的发展做出了贡献。其突出表现有以下三方面：

第一，在诗歌创作方面，出现了宫体文学，即"宫体诗"与"宫体赋"。

第二，特别注重文学理论的探讨，萧纲《诫当阳公大心书》、萧绎《金楼子·立言》、萧子显《南齐书·文学传论》等，在文学理论研究方面均有建树。

第三，萧氏文学集团编辑了两部文

学作品集,即《昭明文选》与《玉台新咏》。《玉台新咏》是萧纲命徐陵编纂的一部诗歌总集,共十卷,大致按五言诗、七言诗(包括杂言)、五言短诗进行分类编排,收录了汉魏到梁代关于女性题材及男女爱情的诗歌,其中宫体诗占有较大的比重,还有较多的民歌作品。从选录的标准上看,《昭明文选》尚雅而《玉台新咏》趋俗,但与其说二者对立,不如说二者互补。《文选》漏选的许多诗篇,如优秀的长篇叙事诗《孔雀东南飞》及西晋傅玄的《苦相篇》等,都赖《玉台新咏》得

以保存，并蔚为大观。

（二）宫体文学

宫体文学以宫廷生活为描写对象，以男女两性题材为中心，描写男女之间的情恋、离思，着重刻画女子的容止、服饰、情态、居住的环境、使用的器物等，这类作品辞彩艳丽、描写细腻、音乐性强，总体上表现为轻靡绮艳的风格。

　　"宫体"之称，始于梁简文帝之时，如《南史·简文纪》中记载的"帝辞藻艳发，然伤于轻靡，时号宫体"，但它的起源却要上溯到晋代。汉魏之世的传统雅乐，在西晋末年就已经衰落散佚，东晋时期江南流行的音乐是俚俗新声，是以抒发个体情感为主的清商曲。当时，清商曲被斥为"郑卫淫俗"，然而它却有着极强的渗透力，对当时的宫廷音乐造成了很大的影响，如晋、宋乐府诸如《桃叶歌》《碧玉歌》等皆属此类。在文人学习乐府的运动中，这种新声还在词的内容与情调方面对文人创作产生了较大的影响，因此，鲍照、沈约、何逊等人均写了一部分艳体诗，这些作品应视为宫体文学的发端。此外，宫体文学的形成，与南朝奢靡的世风也存在着一定的关联。南朝时期，创作活动受到空前的重视，而文坛呈现出了病态的繁荣，虽然作家作品的数量远远超过前代，但作

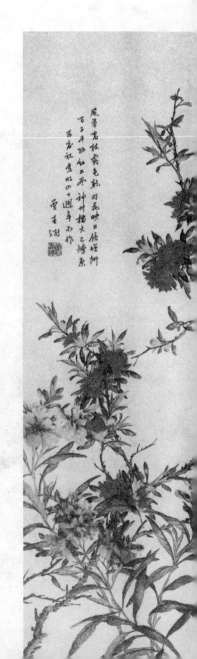

品内容多单薄空虚。而且南朝时期的文士几乎全是世族子弟、在职官僚，膏粱纨绔的生活和门阀制度的种种约束，又造成了他们和广阔的社会处于隔绝状态，精神状态空虚萎靡乃至低下。这样，他们当然难于写出内容充实的作品。综观这一时代的文学，描写自然景物、男女爱情、朋友交谊的作品中不乏感情真挚和语言清新的佳作，但大量出现在诗文集中的是那些饮宴、应酬、咏物的作品，

等而下之的就是艳体诗了。另外，高门
世族的自我标榜、互相欣赏，寒士的进
取仕进，都离不开文学。为了掩饰内容
的贫乏，作家们就在形式上锐意潜心，
力求精美。自晋代以来，士族的生活情
趣和审美标准偏重于辞藻华美、声律和
谐、隶事精当、属对工切这些形式方面。
《文心雕龙·明诗》说："晋世群才，稍入
轻绮。""轻"可以指内容的单薄空虚，"绮"

应当指形式上雕文织采、侧艳华丽。这种轻绮之风，从陆机、潘岳发端，到南朝已成为文学的时代风貌。南朝时期的文学虽然充斥着清绮之风，但是在文化传统的继承、审美能力的提高、艺术技巧的积累以及创作中的各种问题的理论探索方面，都为这一时期文学繁荣创造了条件。形式的成熟虽然不能弥补内容的贫乏，但这种成熟又是文学发展史上

一个不可缺少的阶段，它为光辉灿烂的
唐代文学准备了必要的条件。唐代许多
有见识的作家尖锐地批判这一时期的创
作倾向，同时又充分肯定一些优秀作家
的成就。

宫体文学的盛行，与萧氏文学集团
的带动是有直接关系的。萧衍父子不仅
雅好文学，还直接从事文学创作。萧衍
本人在齐时为"竟陵八友"之一，称帝
后对文学的兴趣依然未减。他写了一些

乐府诗,如《采莲曲》:

　　游戏五湖采莲归,发花田叶芳
袭衣,为君侬歌世所希。世所希,有
如玉。江南弄,采莲曲。

　　这首诗,曲调轻绮,音乐性强,辞
彩艳丽,引领了当时的文学风气。

　　萧纲的《咏内人昼眠》也是一首比
较典型的宫体诗:

　　北窗聊就枕,南檐日未斜。
攀钩落绮障,插捩举琵琶。

梦笑开娇靥，眠鬟压落花。

簟文生玉腕，香汗浸红纱。

夫婿恒相伴，莫误是倡家。

此诗极力刻画女子的睡态美，描摹细腻，语言工丽。虽然有浓厚的艳情意味，但仍然有诗美在。

萧绎的《燕歌行》与《荡妇秋思赋》也是宫体文学的代表作。

宫体文学虽然历遭指摘，但其影响甚远，一直到隋唐，历经百余年而不衰，实有其存在的意义。

（三）萧氏文化

萧氏家族的后人为了怀念祖先在南兰陵几百年中留下的辉煌历史，把南兰陵称为"萧氏故里"，并将那里所流传下来的文化称为"萧氏文化"。

萧氏文化是齐梁文化的核心，也是中国南北朝文化中不可缺少的一部分。

自东汉末年至唐代初年的近五百年间，由于战乱频繁，国家分裂，中华文化发展缓慢。但相对而言，南朝齐、梁时期却一度兴盛，使中华文明得到了延续与弘扬。其主要原因除了梁武帝在位近五十年，使南朝地区获得了相对长的和平时期，人民得到较长的休养生息，文化的发展也有了厚实的物质基础外，更重要的是，梁武帝本人就是位著名学者和文士，在他的提倡与支持下，文学得到了复兴。梁武帝被誉为"诗人皇帝"，他也确实是"开一代诗风"。他的名作《河中之水歌》："河东之水向东流，洛阳女儿名莫愁……"至今流传不息，深入人心。他的家族可谓是个文学集团，除奇才"昭明太子"萧统外，梁简文帝、梁元帝都是著名诗人。尽管他们倡导的"宫体诗"以其内容的轻靡，情思的放荡，被认为有消极影响，但作为一种新的尝试与探索，有着其积极意义。此外，齐高帝之

孙萧子显撰写了被列入"正史二十四"之一的《南齐书》。而最令后人赞叹的是，在萧家皇室中，有一位享誉千年的皇子萧统——昭明太子，他选编了中国辑录最早，在当时规模体量最大的诗文总集《昭明文选》，在我国文学史上不但具有开创意义，而且为后人研究梁以前七八百年的文学保存了重要史料。